Lösungen Klick!

Arbeitsheft Schreiben und Lesen 6

Ein Bild beschreiben

2

 der Wagen    das Feld

 das Stroh    die Sicheln

3 c) Der Maler hat die Farben *Gelb* und *Blau* verwendet.

4 Ich überlege:

Ich schreibe für andere.

Ich beschreibe, was ich auf dem Bild sehe.

X der Himmel	**X** ein Wagen
X ein Mann	**X** ein Hut
X 2 Sicheln	**X** eine Frau
X das Stroh	

Ich beschreibe genau, wo die Dinge und Personen sind.

Der Himmel ist *hinten.*
Der Wagen steht *in der Mitte hinten.*
Das Stroh liegt *rechts.*
Der Mann liegt *mitten im Bild.*
Der Hut ist *auf dem Kopf.*
Die Frau liegt *links neben dem Mann.*
Die 2 Sicheln sind *vorne rechts.*

Ich beschreibe genau, wie die Dinge und Personen aussehen.
Zum Beispiel:
Das Feld ist *groß.*
Der Himmel ist *blau.*
Der Wagen ist *alt.*
Der Strohhaufen ist *hoch.*
Der Mann und die Frau sind *müde.*
Der Hut ist *gelb.*
Die Sicheln sind *krumm.*

2 *Zum Beispiel:*

Die Mittagsruhe von Vincent van Gogh
Das Bild zeigt ein Feld. Das Feld ist *groß.*
Oben ist der *Himmel.* Er ist *blau.*
Weit hinten steht ein *Wagen.* Er sieht *alt* aus.
Rechts ist ein *Strohhaufen.* Er ist *hoch.*
Ein *Bauer* und eine *Bäuerin* liegen im Schatten
von dem Strohhaufen. Sie sehen müde aus.
Beim Bauer liegt der Hut im Gesicht.
Der Hut ist gelb.
Vorne rechts liegen Schuhe und zwei Sicheln
im Stroh. Die Sicheln sind krumm.

Ein Buch vorstellen

1 Tarek liest gern *gruselige Bücher.*
Paul liest gern *Bücher über Dinosaurier.*
Jasmin liest gern *Bücher über Freundschaften.*

2 Die Schatten vom Galgenberg: *Tarek*
Ben liebt Anna: *Jasmin*
Alles über Dinosaurier: *Paul*

3 Der Titel heißt *Die Schatten vom Galgenberg.*
Die Autorin heißt *Regina Rusch.*
Die Hauptpersonen heißen *Leon und Laura.*
In dem Buch geht es um *Schatten.* Leon sieht
Schatten von Toten. Er will die Schatten
mit Laura besiegen.
Tarek gefällt gut, dass das Buch *spannend* ist.

4 a) **X** um Dinosaurier
b) **X** die tollen Bilder

Arbeitsheft Schreiben und Lesen 6

1 1. *der Titel*
2. *der Autor*
3. *die Hauptpersonen*
4. *der Jnhalt*
5. *Was gefällt Jasmin gut?*

2 1. Der Titel von dem Buch heißt *Ben liebt Anna.*
2. Der Autor heißt *Peter Härtling.*
3. Die Hauptpersonen heißen *Ben und Anna.*
4. In dem Buch geht es um *Ben und Anna.*
Sie sind Freunde. Als Anna wegzieht, ist Ben traurig.
Er ist verliebt in Anna.
5. Jasmin gefällt gut, dass *Ben und Anna*
viel miteinander unternehmen.

In ein Freundschaftsbuch schreiben

Seite 16

1 ♥ - Farbe: *grün*
♥ - Essen: *Pizza, Pommes*
♥ - Hobby: *Musik hören, tanzen*

2 a) *30. Oktober 2001*
b) *Ronja Räubertochter*
c) *eine Tierpflegerin*

Einen Verschenktext schreiben

Seite 18

1 b) *Zum Beispiel:*
Ich wünsche dir viel Spaß.
Du bist ein prima Freund.
Du kannst toll zeichnen.
Ich mag dein Lächeln.

Zu Fotos schreiben

Seite 20

2 Foto 1: *die Musikhalle, viele Menschen,*
stehen, warten
Foto 2: *die Musiker, trommeln, die Mülltonnen,*
die Deckel
Foto 3: *ein Mädchen und ein Junge, winken, lachen*

Seite 21

3 *Viele Menschen stehen vor der Musikhalle.*
Maria und Tim warten mit ihnen.
Das Konzert von „Dombo" beginnt bald.

Seite 22

5 *Zum Beispiel:*
Die Menschen in der Musikhalle schreien laut.
Maria und Tim jubeln fröhlich.
Die Fans pfeifen lang.
Sie klatschen begeistert.

Seite 23

1 **2** und **3**
Zum Beispiel:
<u>Ein tolles Konzert</u>

Viele Menschen stehen vor der Musikhalle.
Maria und Tim warten mit ihnen.
Das Konzert von „Dombo" beginnt bald.

Maria und Tim gehen in die Musikhalle.

Endlich stehen die Musiker auf der Bühne.
Sie schlagen mit Stöcken auf Mülltonnen.
Die Musik klingt wild.

Die Musiker verlassen die Bühne.

Die Menschen in der Musikhalle schreien laut.
Maria und Tim jubeln fröhlich.
Die Fans pfeifen lang.
Sie klatschen begeistert.

Mit Sprache spielen

Seite 24

2 a)

Frühling	*1* Wort
die Sonne	*2* Wörter
es ist warm	*3* Wörter
jetzt blühen die Blumen	*4* Wörter
schön	*1* Wort

b) Das Elfchen hat *11* Wörter.
Darum heißt es Elfchen.

Einen U-Bahn-Plan lesen und verstehen

Seite 26

2 b)

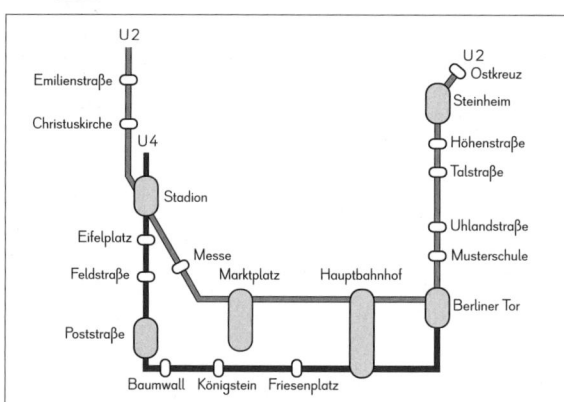

c) An den Haltestellen Emilienstraße und Marktplatz hält die *U2*.

3 *Christuskirche, Stadion, Messe*

Seite 27

1 und **2**

So sind die U2 und U4 markiert:
U2 (rot) _____
U4 (blau) _____

3 Daniela muss an der Haltestelle *Stadion* umsteigen.

Seite 28

1 Daniela fährt mit der U2

Daniela will ins Kino gehen. Sie wohnt in der Emilienstraße.
Das Kino ist am Marktplatz. Daniela will pünktlich sein.
Sie muss mit der U2 zum Marktplatz fahren.

2 *Diese Fragen hast du sicher markiert:*

Wie viel kostet die Fahrt?
Wie lange dauert die Fahrt?
Wann fährt die U2?

3 a) X 20 Minuten
b) X 2,50 €

Seite 29

4 X um 14:05 Uhr

5 Abfahrt   Fahrzeit   Ankunft
14:05   +   20 min   →   14:*25*

X Daniela ist um 14:25 Uhr am Marktplatz.

6 um 14:25 Uhr

7 Abfahrt   Fahrzeit   Ankunft
14:*25*   +   *20 min*   →   *14:45*

Daniela ist um *14:45* Uhr am Marktplatz.

8 X Nein, Daniela ist zu spät.

Rechengeschichten lesen und verstehen

Seite 30

2

Seite 31

1 und **2**

Sila und Marie stehen vor dem Kaufhaus. Timo kommt dazu.	Dies ist eine *Plus-Aufgabe*
Marie, Timo und Sila sind im Erdgeschoss. Marie und Timo fahren mit der Rolltreppe weg.	*Minus-Aufgabe*
Sila hat ein Armband. Sie kauft noch drei dazu.	*Plus-Aufgabe*
Marie kauft ein Päckchen Kaugummi. Von den sechs Streifen gibt sie Sila zwei ab.	*Minus-Aufgabe*

Seite 32

1 a) An der Kasse legen Timo und sein Vater den Einkauf auf das Band. Sie haben zweimal sechs Flaschen Saft, zweimal 4er-Packungen Socken und viermal zwei T-Shirts gekauft.

b) ☒ Es wird etwas malgenommen: Mal-Aufgabe ⊙

2

Es wird etwas malgenommen: Mal-Aufgabe ⊙	Es wird etwas geteilt: Geteilt-Aufgabe ⊙
malnehmen	aufteilen
verdoppeln	verteilen
vervielfachen	halbieren

Seite 33

1

	Mal-Aufgabe	Geteilt-Aufgabe
Simon kauft drei Tafeln Schokolade. Er teilt die Schokolade mit Karen und Pia.		☒
Karen kauft drei Äpfel. Isan kauft doppelt so viele.	☒	
Pia möchte ein T-Shirt und eine Jeans kaufen. Die Jeans ist dreimal so teuer wie das T-Shirt.	☒	
Isan hat vier Kugeln Eis. Der kleine Bruder von Isan bekommt halb so viele Kugeln.		☒

Einen Beruf kennen lernen

Seite 34

1

2

Seite 35

1

① Die Feuerwehr löscht Feuer.

② Die Feuerwehr hilft Verletzten bei schweren Unfällen.

③ Die Feuerwehr räumt umgestürzte Bäume von der Straße.

④ Die Feuerwehr rettet bei Überschwemmungen Menschen mit Schlauchbooten.

⑤ Die Feuerwehr rettet eine Katze vom Baum. Die Katze kann nicht alleine herunterkommen.

 **u**

 **F**

 **e**

 **e**

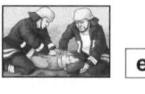 **e**

 **r**

2

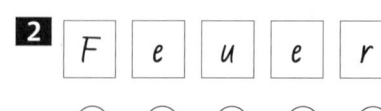

F	e	u	e	r
①	②	③	④	⑤

Seite 36

2 Wir haben ein *Feuer* gelöscht.
Wir haben 2 Jungen von einem *Gerüst* gerettet.
Wir haben 2 *Bäume* von der Straße geräumt.

3 a) **X** das Öl
b) **X** von dem Gerüst

Seite 37

4 a) *Die Feuerwehr hat die Telefonnummer 112.*
b) *Du sagst, wer du bist, was passiert ist und wo es passiert ist.*
c) *Zur Arbeitskleidung gehören der Anzug, die Stiefel, die Handschuhe, der Helm und die Maske.*
d) *Nein, brennendes Öl kann man nicht mit Wasser löschen.*

In der Bücherei

Seite 38

1

So sind die Wörter markiert:
lesen (rot): ⬭
Buch (grün): ⬭
Märchen (blau): ⬭

2 das Wort lesen ⑨
das Wort Buch ⑨
das Wort Märchen ⑦

Seite 39

1 a) *Montag und Freitag*
b) *Huck*
c) *Hagenau*
d) *06432 22037*

Seite 40

2 Karina hat eine kleine Katze bekommen.
Die gesunde Katze

Miriam liest ihrem kleinen Bruder gern Märchen vor.
Märchen

Katrin mag Fußball. Ihr Lieblingsverein ist der VfB Stuttgart.
Fußballvereine

Julia bastelt gern Geschenke aus Holz.
Basteln mit Holz

Mustafa liest gern spannende Abenteuer.
Abenteuer der 5 Helden

Patrick will seiner Mutter zum Geburtstag einen Kuchen backen.
Leckere Kuchen

Seite 41

2

	richtig	falsch
Ronja ist eine Königstochter.		X
Ronja ist eine Räubertochter.	X	
Ronja lebt in der Mattisburg.	X	
Birk ist ein Königssohn.		X
Birk ist ein Räubersohn.	X	
Das Buch erzählt von einer Freundschaft.	X	

Arbeitsheft Schreiben und Lesen 6

(noch zu Seite 41)

	richtig	falsch
Robinson möchte fremde Tiere kennen lernen.		X
Die Fahrt auf einem Schiff endet mit einem Unglück.	X	
Robinson überlebt mit vier Freunden.		X
Robinson überlebt als Einziger.	X	
Robinson kommt in einen großen Hafen.		X
Robinson kommt auf eine einsame Insel.	X	

Eine Detektivgeschichte lesen und verstehen

Seite 42

1 a) *11*
b) *4*
c) *3*

2 Der Eintritt kostet für Kinder *2 €* und für Erwachsene *3 €*.
Das Wasser ist heute *22 °C* warm.
Es ist *14:35* Uhr.

Seite 43

2 a) *Ein Dieb klaut im Freibad Sachen aus Schließfächern.*
b) *Die Schlösser an den Schließfächern sind nicht kaputt.*

Seite 44

4 a) [X] im Baumarkt
b) [X] einen Mann an den Schließfächern
c) [X] Er steckt etwas ein.

Seite 45

5 Der Dieb schließt gerade
das *vierte* Schließfach auf.
Da kommen Kevin und *der Bademeister.*
Der Dieb will *wegrennen.*
„Er hat die Schlüssel *nachmachen* lassen!",
ruft Axel.
Der Bademeister ruft *die Polizei.*
Axel und Kevin erzählen, wie sie *den Dieb*
gefunden haben.

Ein Märchen lesen und verstehen

Seite 46

2

Seite 47

2 1. *Eines Tages war die Kuh tot.*
2. *Die Kuh wurde wieder lebendig.*

Seite 48

4 Die Frau aus dem Wald wollte *den Sohn* haben.

5 ☒ den Namen von der grünen Frau

6 ☒ 3 Tage

Seite 49

7 *Die Frau im grünen Kleid heißt Sturi-Muri.*

8 Sturi-Muri sollte dafür *die Kuh* nehmen.

Seite 50

9 1. *Sie brachte die kleinen grünen Hemden und Hosen, die sie genäht hatte.*

2. *Die Hemden und die Hosen waren grün.*

3. *Der Sohn konnte die Sprache der Tiere verstehen, weil die grünen Hemden und Hosen von Sturi-Muri aus dem Wald waren.*

Seite 51

1 Sturi-Muri wohnt *im Wald.*
Deshalb ist die Farbe *Grün* wichtig.
Sturi-Muri näht grüne Hemden und *Hosen.*
Wenn man die Kleidung trägt, versteht man *die Tiere im Wald.*

2 Sturi-Muri wohnt *in einem Eisberg.*
Deshalb ist die Farbe *Weiß* wichtig.
Sturi-Muri näht *weiße Hemden und Hosen.*
Wenn man die Kleidung trägt, versteht man *die Eisbären.*

Sturi-Muri wohnt in *einem See.*
Deshalb ist die Farbe *Blau* wichtig.
Sturi-Muri näht *blaue Hemden und Hosen.*
Wenn man die Kleidung trägt, versteht man *die Fische.*

Eine Geschichte von Siegfried lesen und verstehen

Seite 52

1

2 *Siegfried findet auf dem Weg ein Schwert.*

Seite 53

2 1. *Der Drache hat einen riesigen Schatz aus Gold.*
2. *Regin will den Schatz vom Drachen.*
3. *Siegfried ist ein starker junger Mann.*

Seite 54

5 *Der Drache stirbt.*

Seite 55

7 1. *Regin möchte den Schatz allein haben.*

2. *Man wird unverwundbar und bekommt Zauberkraft.*

3. *Siegfried soll für Regin das Drachenherz braten.*

Seite 56

8 1. *Er versteht plötzlich die Sprache der Vögel.*

2. *Die Vögel sagen: „Du armer Siegfried! Der böse Regin will dich töten."*

3. *Siegfried möchte unverwundbar werden.*

4. *Ein Blatt von einer Linde fällt auf den Rücken von Siegfried.*

Seite 57

9

	richtig	falsch
Regin will den Schatz vom Drachen.	X	
Der Drache kämpft mit Regin.		X
Regin will den Schatz mit Siegfried teilen.		X
Regin will Siegfried töten.	X	
Das Blut vom Drachen hat Zauberkraft.	X	
Ein Blatt fällt auf den Fuß von Siegfried.		X
Siegfried bleibt an einer Stelle verwundbar.	X	

10 In einer Höhle wohnt ein *Drache*.
Er hat *einen Schatz*. Regin will den Schatz.
Gemeinsam mit Siegfried gräbt er *eine Grube*.
Siegfried tötet den Drachen *mit seinem Schwert*.
Das Blut vom Drachen hat *Zauberkraft*.
Siegfried badet *im Drachenblut*.
Während er badet, fällt ein Blatt
auf seinen Rücken.
So bleibt diese Stelle *verwundbar*.

Klick! 6

Arbeitsheft

Schreiben

Lesen

Erarbeitet von
Susanne Bielert, Heike Huck,
Catherine Jaulgey, Gabriele Klaßmann,
Dagmar Maurer, Rosa Regenscheit,
Siegfried Wengert, Margarete Westermeier,
Miriam Wiedner

Unter Beratung von
Dorothee Braun, Siegfried Wengert

Inhaltsverzeichnis

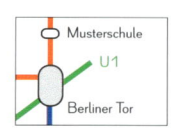

Eine Einladung schreiben

Das Schulfest

Die Klasse 6 schreibt eine Einladung zum Schulfest.

Einladung – invitation – invito – invitación

Liebe Eltern,
wir möchten Sie **zum Schulfest** **in der Jahnschule** einladen.
Das Fest ist **am 30. Juni 2013 ab 10 Uhr**.
Die Schüler zeigen **Zaubertricks und Tänze**. Es gibt **Kuchen**.

Wir freuen uns auf Sie,
die Klasse 6

1 Schreibe auch eine Einladung.
Wende den Schreibprofi an.

➔ Schreibprofi
Klappe vorn

1 **Vor dem Schreiben**

Ich überlege:

a) **Für wen** will ich schreiben?

☐ für die Eltern ☐ für die Mitschüler

☐ für die Lehrer ☐ für die Freunde

b) **Was** will ich schreiben?

Was feiern wir? _____ ➔ ein Schulfest,
ein Sommerfest, …

Wo ist das Fest? _____ in der Jahnschule,
in der Wilhelm-Schule,
…

Wann ist das Fest?

am _____ ab _____ Uhr

Was gibt es? _____ ein Theaterstück,
Zaubertricks,
_____ Waffeln, Getränke, …

Das Schulfest

2 Beim Schreiben

Nun schreibe ich.
Ich wähle Sätze aus oder ich schreibe eigene Sätze.

Liebe Hallo	Eltern,
	Freunde, Mitschüler,

wir möchten	Sie	zu unserem Schulfest zu …	in …	einladen.
	euch			

Das Fest	ist	am …	ab … Uhr.

Die Schüler Wir	zeigen	Ihnen	ein Theaterstück.
		euch	… .

Es gibt	Kuchen und Popcorn.
	… .

Wir freuen uns auf	Sie,	die Schülerinnen und Schüler	der Klasse 6 …
	euch,		

_____

_____

_____

_____

_____

_____

_____

3 Nach dem Schreiben

Ich prüfe:

a) Kann ein anderer aus der Klasse meine Einladung lesen und verstehen?

b) Ich zeige die Einladung meiner Lehrerin oder meinem Lehrer.

Ein Formular ausfüllen

Inga will einen Schülerausweis

Inga will mit ihrer Freundin Deria ins Kino gehen.
Mit einem Schülerausweis ist die Kino-Karte billiger.
Inga will einen Schülerausweis beantragen.
Dazu muss sie ein Formular ausfüllen.

 1 Lies das Formular.

Familienname*, Vorname: _Koch, Inga_

Geb.-Datum**: _2. Februar 2001_

Straße, Hausnummer: _Blumenstraße 17_

PLZ***: _48527_   Wohnort: _Nordhorn_

Schule: _Wilhelm-Schule_

Adresse der Schule: _Schulstraße 34, 48531 Nordhorn_

Unterschrift: _Inga Koch_

* Familienname: Nachname, Zuname oder Name

** Geb.-Datum: das Geburtsdatum

*** PLZ: die Postleitzahl

2 Fülle dieses Formular für Inga aus.

Familienname, Vorname: _____

Geb.-Datum: _____

Straße, Hausnummer: _____

PLZ: _____   Wohnort: _____

Schule: _____

Adresse der Schule: _____

_____

Inga will einen Schülerausweis

 3 Fülle das Formular für dich aus.

Familienname, Vorname: _____

Geb.-Datum: _____

Straße, Hausnummer: _____

PLZ: _____ Wohnort: _____

Schule: _____

Adresse der Schule: _____

Unterschrift: _____

**Es gibt verschiedene Ausweise. Für jeden Ausweis musst du
zuerst ein Formular ausfüllen.
Dies ist ein Formular für einen Bücherei-Ausweis.**

4 Fülle das Formular für dich aus.

Familienname, Vorname: _____

Geb.-Datum: _____

Geb.-Ort*: _____   *Geb.-Ort: der Geburtsort

Straße, Hausnummer: _____

PLZ, Wohnort: _____

Telefon: _____

Unterschrift: _____

Ein Bild beschreiben

Die Mittagsruhe

**Dieses Bild hat ein Künstler vor langer Zeit gemalt.
Er heißt Vincent van Gogh.**

1 Ein Bauer und eine Bäuerin
2 gingen auf das Feld.
3 Sie ernteten das Getreide.
4 Dann packten sie das Stroh
5 auf einen Wagen.
6 Als es Mittag wurde,
7 ruhten der Bauer und
8 die Bäuerin sich aus.
9 Sie zogen die Schuhe aus und
10 legten die Sicheln ins Stroh.

 1 Lies den Text.

 2 Manche Wörter sind hervorgehoben.
Schreibe sie zum passenden Bildausschnitt.

 _der Wagen_    _____

 _____    _____

 3 **a)** Sieh dir das große Bild an.

 b) Welche Farben hat der Maler verwendet?
Male die Kästchen mit der gleichen Farbe aus.

Das Feld ist ☐.   Der Himmel ist ☐.   Das Stroh ist ☐.

 c) Ergänze den Satz.

Der Maler hat die Farben _____ und _____ verwendet.

Die Mittagsruhe

**Wenn du das Bild genau beschreibst,
dann kann es sich ein anderer besser vorstellen.**

4 Beschreibe das Bild genau.
Wende dabei den Schreibprofi an.

➡ Schreibprofi
Klappe vorn

1 Vor dem Schreiben

Ich überlege:

a) **Für wen** will ich schreiben?

☐ Ich schreibe für mich.   ☐ Ich schreibe für andere.

b) **Was** will ich schreiben?

Ich beschreibe, was ich auf dem Bild sehe.

Ich kreuze an, was ich sehe:

☐ der Himmel   ☐ ein Wagen   ☐ ein Baum

☐ ein Mann   ☐ das Haus   ☐ ein Hut

☐ 2 Sicheln   ☐ eine Frau   ☐ das Stroh

Ich beschreibe genau, wo die Dinge und Personen sind.

Der Himmel ist _____.

Der Wagen steht _____.

Das Stroh liegt _____.

Der Mann liegt _____.

Der Hut ist _____.

Die Frau liegt _____.

Die 2 Sicheln sind _____.

in der Mitte
hinten   auf dem Kopf
hinten   rechts

links neben   vorne rechts
dem Mann   mitten im Bild

Die Mittagsruhe

Ich beschreibe genau, wie die Dinge und Personen aussehen.

Ich ergänze passende Adjektive.

Das Feld ist _____.

Der Himmel ist _____.

Der Wagen ist _____.

Der Strohhaufen ist _____.

Der Mann und die Frau sind _____.

Der Hut ist _____.

Die Sicheln sind _____.

groß, weit
blau, klar
klein, alt
gelb, hoch
müde, jung
gelb, alt
scharf, krumm

Die Mittagsruhe

 2 Beim Schreiben

Nun schreibe ich.

Ich beschreibe das Bild genau.

 Ich beschreibe genau
– was ich alles sehe.
– wo die Dinge und die Personen sind.
– wie die Dinge und die Personen aussehen.

Die Mittagsruhe von Vincent van Gogh

Das Bild zeigt ein Feld. Das Feld ist _____.

Oben ist der _____. Er ist _____.

Weit hinten steht ein _____.

Er sieht _____ aus.

Rechts ist _____ ➔ ein Strohhaufen,
_____ im Schatten,
_____ ein Bauer und
_____ eine Bäuerin,
_____ der Hut im Gesicht,
_____ die Schuhe,
_____ die Sicheln im Stroh
_____
_____ sie liegen, sie sind,
_____ er ist, …

groß, hoch, gelb, blau,
müde, alt, scharf, …

3 Nach dem Schreiben

Ich prüfe:

 a) Kann ich meine Wörter oder meine Sätze lesen
und verstehen?
b) Kann ein anderer aus der Klasse meine Wörter oder
meine Sätze lesen und verstehen?
c) Ich zeige den Text meiner Lehrerin oder meinem Lehrer.

Ein Buch vorstellen

Unsere Lieblingsbücher

Tarek, Paul und Jasmin lesen gern.
Sie erzählen, welche Bücher sie am liebsten lesen.

Ich finde spannende und gruselige* Geschichten toll. Ich lese am liebsten gruselige Bücher.

Ich lese am liebsten Bücher über Dinosaurier. Ich mag aber auch andere Tierbücher.

Ich interessiere mich für Bücher für Jugendliche. Ich lese gern Bücher über Freundschaften.

* schreckliche, furchtbare

Tarek

Paul

Jasmin

 1 Welche Bücher lesen Tarek, Paul und Jasmin gern?
Die Schlüsselwörter helfen dir.

Tarek liest gern _____.

Paul liest gern _____.

Jasmin liest gern _____.

Tarek, Paul und Jasmin zeigen ihre Lieblingsbücher.
Hier sind die Titelseiten.

 2 Wer liest welches Buch?
Schreibe auf.

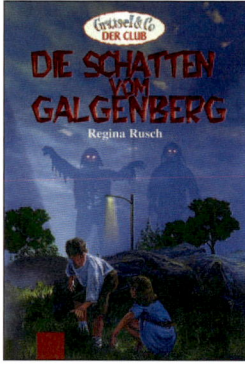

_____   _____   _____

Unsere Lieblingsbücher

 **Tarek erzählt Paul von seinem Lieblingsbuch.**

1 „Mein Lieblingsbuch hat den Titel ‚Die Schatten vom Galgenberg'.
2 Die Autorin heißt Regina Rusch.
3 Die Hauptpersonen* sind Leon und Laura.
4 In dem Buch geht es um Schatten. Leon sieht Schatten von Toten.
5 Sie jagen Menschen. Laura und Leon wollen die Schatten besiegen.
6 Mir gefällt gut, dass das Buch so spannend ist."

* die wichtigsten Personen in einem Buch

 **3** Was erzählt Tarek von seinem Lieblingsbuch?

Der Titel heißt _____ .

Die Autorin heißt _____ .

Die Hauptpersonen heißen _____ .

In dem Buch geht es um _____ . Leon sieht

Schatten von Toten. Er will die Schatten mit Laura besiegen.

Tarek gefällt gut, dass das Buch _____ ist.

Paul erzählt Tarek von seinem Lieblingsbuch über Dinosaurier.

1 „Der Titel von meinem Lieblingsbuch heißt ‚Alles über Dinosaurier'.
2 Patricia Mennen ist die Autorin.
3 In dem Buch geht es um Dinosaurier. Das Buch beantwortet Fragen
4 über Dinosaurier, zum Beispiel wie groß Dinosaurier waren.
5 Mir gefällt gut, dass in dem Buch so tolle Bilder sind."

4 a) Worum geht es in Pauls Lieblingsbuch?

☐ um Schatten ☐ um Dinosaurier

b) Was gefällt Paul an dem Buch gut?

☐ die tollen Bilder ☐ die Fragen

Unsere Lieblingsbücher

Jasmin hat eine Buchvorstellung für die Klasse geschrieben.

📖 Buchvorstellung „Ben liebt Anna" (Jasmin, Klasse 6)

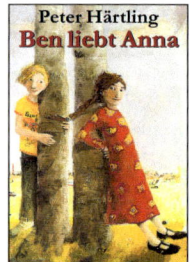

1 Der Titel heißt „Ben liebt Anna". Der Autor heißt Peter Härtling.
2 In dem Buch gibt es zwei Hauptpersonen. Sie heißen Ben und Anna.
3 Der Inhalt: In dem Buch geht es um Ben und Anna. Anna ist neu
4 in Bens Klasse. Sie werden Freunde. Dann zieht Anna weg.
5 Ben ist traurig. Er ist verliebt in Anna.
6 Mir gefällt gut, dass Ben und Anna viel miteinander unternehmen.

1 Was hat Jasmin der Reihe nach geschrieben?

1. *der Titel*

2. _____

3. _____

4. _____

5. _____

→ die Hauptpersonen
der Autor
der Inhalt
~~der Titel~~
Was gefällt Jasmin
gut?

2 Was genau erfährst du über das Lieblingsbuch von Jasmin?

1. Der Titel von dem Buch heißt _____.

2. Der Autor heißt _____.

3. Die Hauptpersonen heißen _____.

4. In dem Buch geht es um _____
_____
_____.

5. Jasmin gefällt gut, dass _____
_____.

Mein Lieblingsbuch

 1 Stelle nun dein eigenes Lieblingsbuch vor.
Oder stelle das Lieblingsbuch von Tarek oder Paul vor.

Buchvorstellung „…" (…, Klasse …)

Der Titel von meinem Lieblingsbuch heißt … .

Der Autor Die Autorin	heißt … .

Die Hauptperson	heißt … .
Die Hauptpersonen	heißen … .

Der Inhalt: In dem Buch geht es um … .

Mir gefällt gut, dass … .

Die Buchvorstellung:
1. der Titel ✓
2. der Autor ✓
3. die Hauptpersonen ✓
4. der Inhalt ✓
5. Was gefällt mir gut? ✓

2 Wende den Schritt **3** vom Schreibprofi an.

 Schreibprofi
Klappe vorn

 3 **Nach dem Schreiben**

Ich prüfe:

a) Kann ich meinen Text lesen und verstehen?
b) Kann ein anderer meinen Text lesen und verstehen?
c) Habe ich zu allen 5 Teilen der Buchvorstellung
etwas geschrieben?

In ein Freundschaftsbuch schreiben

Selma schreibt in ein Freundschaftsbuch

Selma schreibt in das Freundschaftsbuch von ihrer Freundin Sevda.

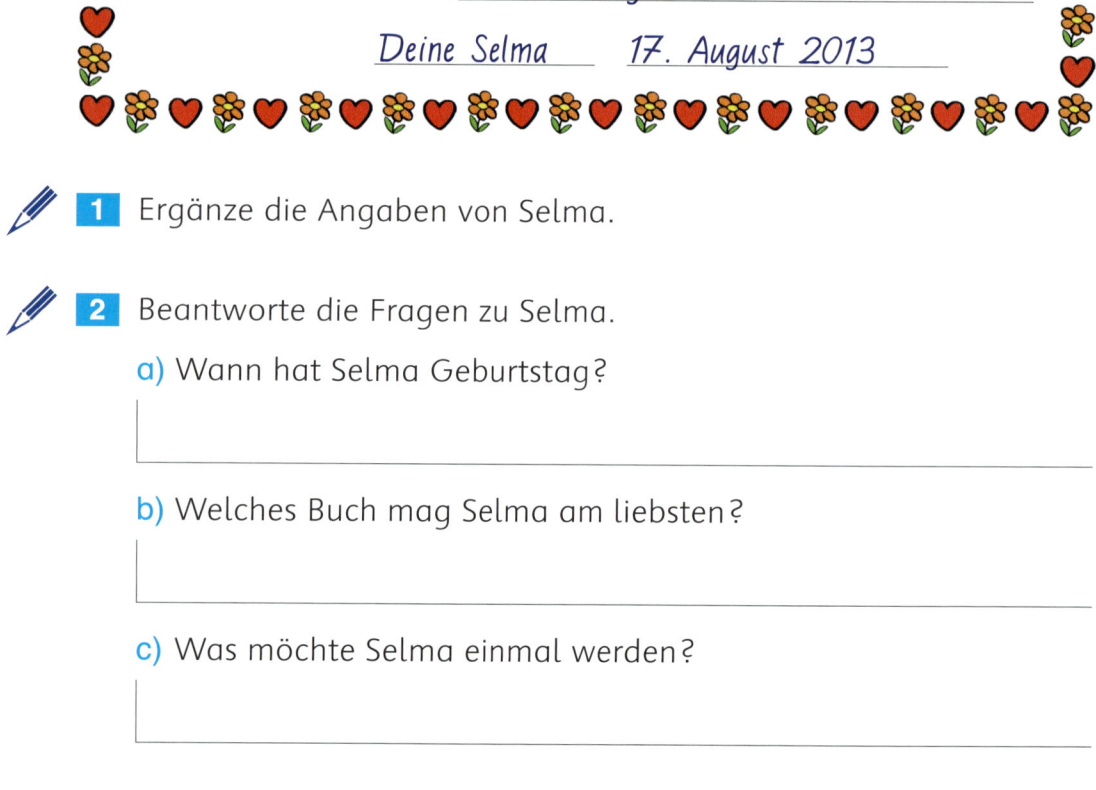

So heiße ich: _Selma Demir_

Geburtstag: _30. Oktober 2001_

Haarfarbe: _braun_   Augenfarbe: _braun_

♥-Farbe: _____   → grün

♥-Essen: _____   Pizza, Pommes

♥-Hobby: _____   Musik hören, tanzen

♥-Musik: _Tokio Hotel_   ♥-Buch: _Ronja Räubertochter_

Das möchte ich einmal werden: _eine Tierpflegerin_

Mein Spruch für dich: _Liebe Sevda,_

Rosen, Tulpen, Nelken,

alle drei verwelken.

Nur die eine Blume nicht

und die heißt: Vergiss mein nicht!

Deine Selma   17. August 2013

🖊 **1** Ergänze die Angaben von Selma.

🖊 **2** Beantworte die Fragen zu Selma.

a) Wann hat Selma Geburtstag?

_____

b) Welches Buch mag Selma am liebsten?

_____

c) Was möchte Selma einmal werden?

_____

Ich schreibe in ein Freundschaftsbuch

3 Schreibe nun selbst in das Freundschaftsbuch.

So heiße ich: _____

Geburtstag: _____

Haarfarbe: _____ → braun, schwarz, …

Augenfarbe: _____

♥-Farbe: _____ grün, blau, grau, …

♥-Essen: _____ rot, blau, pink, lila, …

♥-Hobby: _____ Lasagne, Eis, Salat, …

♥-Musik: _____ Rad fahren, malen, schwimmen, lesen, Fußball spielen, …

♥-Buch: _____

Das möchte ich einmal werden: _____ eine Sängerin, eine Köchin, ein Friseur, …

Mein Spruch für dich: _____ Liebe … / Lieber …

_____

_____

_____

_____

_____

Dein … / Deine …

4 a) Gestalte die Seite.
   b) Klebe ein Foto von dir auf oder male dich.

Einen Verschenktext schreiben

Ein Verschenktext zum Geburtstag

Robin hat heute Geburtstag. Alle aus der Klasse schreiben ihm einen schönen Text, einen Verschenktext.

1 Schreibe auch einen Verschenktext.
Wende den Schreibprofi an.

→ Schreibprofi
Klappe vorn

1 **Vor dem Schreiben**

Ich überlege:

a) **Für wen** will ich schreiben?

Ich schreibe für _____

→ Robin, meine Mutter, …

b) **Was** will ich schreiben?
 – Ich lese die Ideen.
 – Ich wähle passende Ideen aus und markiere sie.
  Oder ich schreibe eigene Ideen auf.

Ich wünsche dir | Gesundheit | Glück | alles Gute

viel Spaß |

Du bist | nett | ein Mathe-Ass | gut im Fußball | süß | witzig

Du kannst toll | tanzen | Geschichten erzählen | zuhören

Ich mag | deine Haare | deine Augen | dein Lachen

Ein Verschenktext zum Geburtstag

2 **Beim Schreiben**

 Nun schreibe ich.

_____ **!**   ➜ Liebe .../Lieber ...

Ich wünsche dir _____

_____

Du bist _____

_____

Du kannst toll _____

_____

Ich mag _____

_____

_____

_____   ➜ Deine .../Dein ...

3 **Nach dem Schreiben**

Ich prüfe:

 a) Kann ich meinen Verschenktext lesen und verstehen?
b) Kann ein anderer aus der Klasse meinen Verschenktext
lesen und verstehen?

2 a) Schreibe deinen Verschenktext auf ein Schmuckblatt.
b) Gestalte das Schmuckblatt.
c) Verschenke deinen Verschenktext.

**Verschenktexte kannst du zum Geburtstag, zu anderen Festen
oder auch einfach so verschenken.**

Zu Fotos schreiben

Maria und Tim gehen zu „Dombo"

Die Fotos erzählen eine Geschichte von dem Besuch bei einem Konzert.

 1 Sieh dir die Fotos an.

 2 Was siehst du auf den Fotos?
Schreibe zu jedem Foto passende Wörter auf.

Foto 1: _die Musikhalle,_ _____

→ ~~die Musikhalle~~
die Musiker
viele Menschen
trommeln
ein Mädchen und
ein Junge
stehen
die Mülltonnen
winken
lachen
die Deckel
warten

Foto 2: _____

Foto 3: _____

Maria und Tim gehen zu „Dombo"

Du kannst eine Geschichte zu den Fotos schreiben.

 3 Schreibe zu dem ersten Foto den Anfang der Geschichte.

a) Verbinde die Satzanfänge mit den richtigen Satzenden.
b) Schreibe die Sätze auf.

Viele Menschen	beginnt bald.
Maria und Tim	stehen vor der Musikhalle.
Das Konzert von „Dombo"	warten mit ihnen.

Viele Menschen _____

_____

_____

4 Wie geht die Geschichte auf Foto 2 weiter? Schreibe es auf.

Dann Endlich	sind stehen	die Musiker	auf der Bühne.

Sie Die Musiker	schlagen trommeln	mit Stöcken auf Mülltonnen. mit Deckeln und Mülltonnen.

Die Musik	ist klingt	laut. wild.

_____

_____

_____

Maria und Tim gehen zu „Dombo"

Du kennst die Fotos 1 und 2: Maria, Tim und viele andere Menschen sind beim Konzert von „Dombo".

5 Wie geht die Geschichte auf Foto 3 zu Ende? Schreibe es auf.

Die Menschen in der Musikhalle

➡ die Menschen in der Musikhalle, Maria und Tim, die Fans, sie, …

jubeln, klatschen, schreien, pfeifen, …

laut, begeistert, fröhlich, lang, …

6 Das Konzert ist zu Ende. Was ruft Tim?

Das war ein tolles Konzert!

Wahnsinn! Die Musik war klasse!

Das war ein aufregender Abend!

a) Wähle einen Satz aus.
b) Schreibe den Satz auf.

Tim ruft: „_____!"

22

Maria und Tim gehen zu „Dombo"

Hier kannst du deine ganze Geschichte zu den Fotos aufschreiben.

1 Schreibe zu jedem Foto deine Sätze von Seite 21 und 22 auf.

2 Auch zwischen den Fotos passiert etwas.
Schreibe passende Sätze auf.

Die Überschrift sagt etwas über die Geschichte.

3 Wähle eine Überschrift aus oder überlege dir eine Überschrift.
Schreibe sie auf.

➡ Ein tolles Konzert
Ein aufregender
Abend

1 [Foto: Menschenmenge]

?

➡ in die Musikhalle
gehen
Maria und Tim

2 [Foto: Musiker auf der Bühne]

?

➡ die Musiker
die Bühne
verlassen

3

Mit Sprache spielen

Jahreszeiten-Elfchen

Elfchen sind kleine Gedichte.
Diese Elfchen erzählen über den Frühling, Sommer, Herbst und Winter.

 1 Lies das Elfchen über den Frühling.

1 Frühling
2 die Sonne
3 es ist warm
4 jetzt blühen die Blumen
5 schön

 2 a) Zähle die Wörter in jedem Vers.

1 Frühling   *1* Wort

2 die Sonne   ___ Wörter

3 es ist warm   ___ Wörter

4 jetzt blühen die Blumen   ___ Wörter

5 schön   ___ Wort

b) Wie viele Wörter hat das ganze Elfchen?

Das Elfchen hat _____ Wörter. Darum heißt es Elfchen.

3 Ergänze das Elfchen über den Sommer.

Sommer

➡ das Meer, die Sonne
wir schwimmen, …

es ist warm, ins
Wasser springen …

alle wollen Eis essen,
das Freibad
ist geöffnet, …

Eis, heiß, …

Jahreszeiten-Elfchen

**Du hast Elfchen über den Frühling und den Sommer kennen gelernt.
Schreibe nun Elfchen über den Herbst und den Winter.**

4 Schreibe ein Elfchen über den Herbst.
Wähle Wörter und Wortgruppen aus
oder überlege dir eigene Wörter und Wortgruppen.

Herbst

➡ es stürmt, es regnet,
grauer Himmel, …

die Blätter fallen,
alles ist nass, …

drinnen ist es warm,
es sieht schön aus, …

bunt, nass, hübsch, …

5 Schreibe ein Elfchen über den Winter.

Winter

6 a) Schreibe ein Jahreszeiten-Elfchen auf ein Schmuckblatt.
Wähle ein Elfchen aus oder schreibe ein neues Elfchen.

b) Male ein Bild dazu.

Einen U-Bahn-Plan lesen und verstehen

Sieh genau hin!

Mit einer U-Bahn* kannst du schnell durch eine Stadt fahren.
Hier siehst du einen U-Bahn-Plan.
Die farbigen Linien zeigen, welchen Weg die Bahnen fahren.

*die Untergrund-Bahn (Sie fährt meistens unter der Erde.)

 **1** Sieh dir den Plan an.

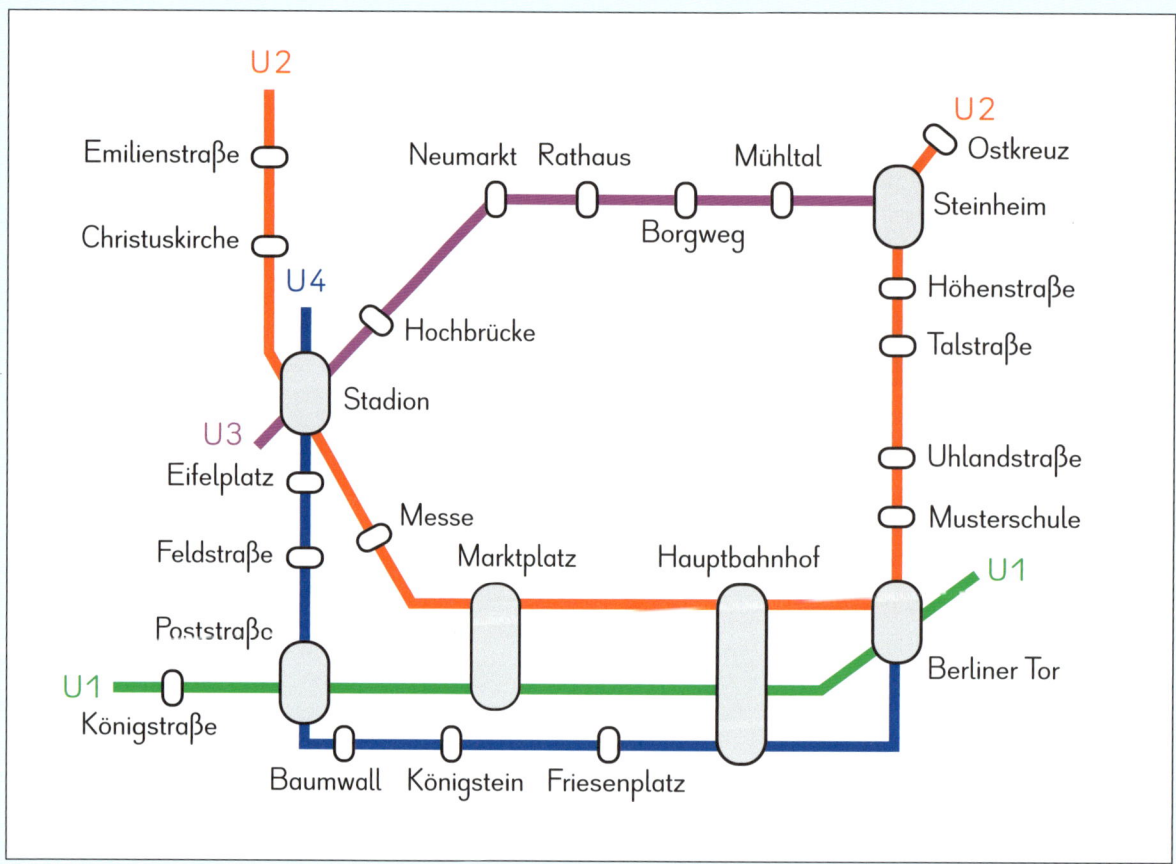

Jede U-Bahn hält an vielen Haltestellen.
Haltestellen erkennst du an diesen Zeichen:

2 a) Suche die Haltestellen Emilienstraße und Marktplatz.
b) Markiere sie.
c) Welche U-Bahn hält hier?

An den Haltestellen Emilienstraße und Marktplatz hält die U _____.

3 Wie heißen die Haltestellen zwischen Emilienstraße und Marktplatz?

Christuskirche, _____

Mit der U-Bahn unterwegs

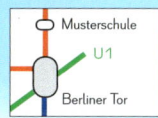

Der Plan zeigt, wo die U 2 und die U 4 fahren.

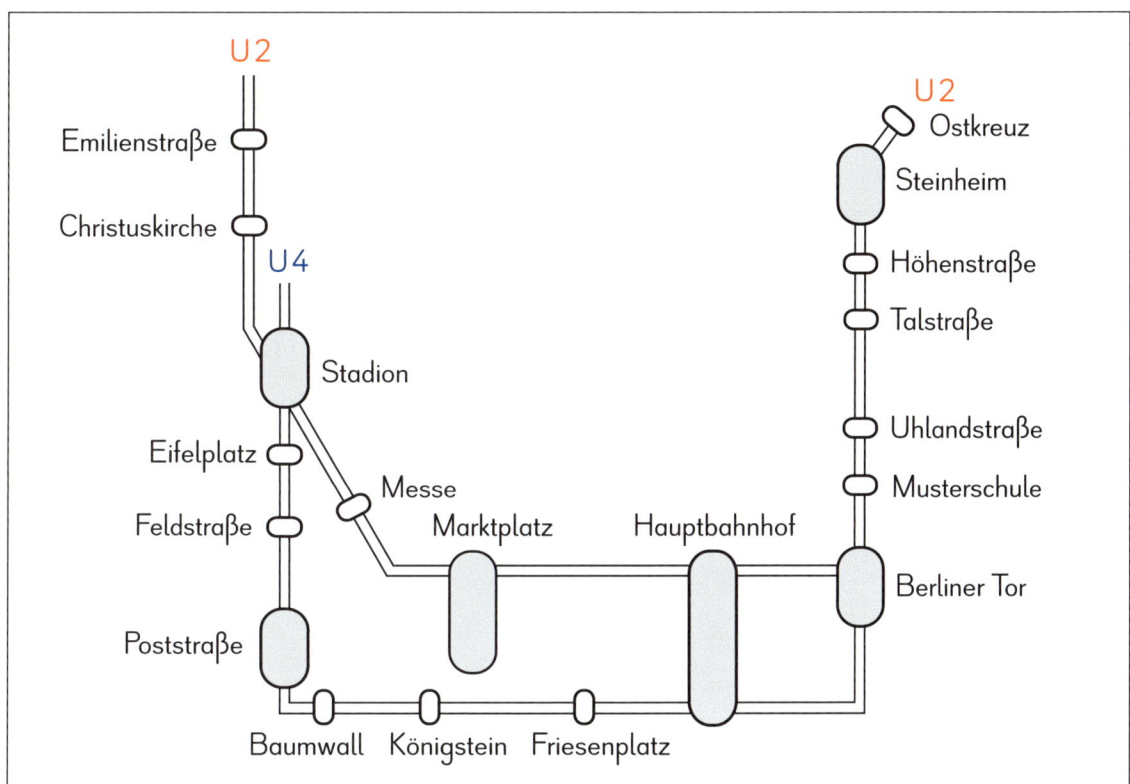

 1 Die U 2 hält an der Emilienstraße.
Sie endet am Ostkreuz.
Male die U 2 rot an.

 2 Die U 4 hält am Stadion.
Sie endet am Berliner Tor.
Male die U 4 blau an.

Daniela steigt an der Emilienstraße ein.
Sie will zur Haltestelle Königstein.
Daniela muss unterwegs umsteigen.

An Haltestellen mit diesem Zeichen ⬭ **kann Daniela umsteigen.**

 3 An welcher Haltestelle muss Daniela von der U 2 in die U 4
umsteigen?

Daniela muss an der Haltestelle _____ umsteigen.

Mit der U-Bahn unterwegs

 Daniela fährt mit der U 2

1 Daniela will ins Kino gehen. Sie wohnt in der Emilienstraße.

2 Das Kino ist am Marktplatz. Daniela will pünktlich sein.

3 Sie muss mit der U 2 zum Marktplatz fahren.

 1 Markiere im Text:
- An welcher Haltestelle fährt Daniela los?
- An welcher Haltestelle ist das Kino?

 2 Daniela will mit der U-Bahn fahren.
Welche Fragen muss sie vorher beantworten?
Markiere die richtigen Fragen.

Wie viele Frauen steigen ein?	Wie viele Wagen hat die Bahn?
Wie viel kostet die Fahrt?	Wie viele Menschen passen in die Bahn?
Wie lange dauert die Fahrt?	Wann fährt die U 2?

Ein Plan zeigt, wie lange die Fahrt dauert und was sie kostet.

 Emilienstraße

Haltestelle	Fahrzeit in Minuten	Preis
Christuskirche	5	1,55 €
Stadion	10	1,55 €
Messe	15	1,55 €
Marktplatz	20	2,50 €

 3 Daniela fährt los.

a) Wie lange dauert die Fahrt zum Marktplatz?

☐ 10 Minuten ☐ 20 Minuten

b) Wie viel kostet die Fahrt?

☐ 1,55 € ☐ 2,50 €

Mit der U-Bahn unterwegs

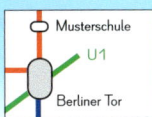

Daniela muss wissen, wann die U 2 abfährt.

Abfahrt Emilienstraße		
14:05	14:25	14:45
15:05	15:25	15:45

4 Daniela ist um 14:00 Uhr an der Haltestelle.
Wann fährt die nächste U 2 ab?

☐ um 14:00 Uhr   ☐ um 14:05 Uhr   ☐ um 14:25 Uhr

5 Die Fahrt zum Marktplatz dauert 20 Minuten. Wann ist Daniela da?
Rechne es aus.

Abfahrt	Fahrzeit	Ankunft*	*das Ankommen
14:05 +	20 min** $\longrightarrow$	14: _____	**Minuten

☐ Daniela ist um 14:45 Uhr am Marktplatz.

☐ Daniela ist um 14:25 Uhr am Marktplatz.

6 Daniela verpasst die U 2 um 14:05 Uhr.
Wann fährt die nächste U 2 ab?

☐ um 14:05 Uhr   ☐ um 14:25 Uhr   ☐ um 14:45 Uhr

7 Die Fahrt zum Marktplatz dauert 20 Minuten. Wann ist Daniela da?
Rechne es aus.

Abfahrt   Fahrzeit   Ankunft

14: _____   +   _____ min $\longrightarrow$ _____

Daniela ist um _____ Uhr am Marktplatz.

8 Das Kino beginnt um 14:30 Uhr. Ist Daniela noch pünktlich?

☐ Ja, Daniela ist noch pünktlich.   ☐ Nein, Daniela ist zu spät.

Rechengeschichten lesen und verstehen

Sieh genau hin!

Im Kaufhaus gibt es viel zu sehen.

1 Sieh dich im Kaufhaus genau um.

2 Wo sind diese Gegenstände im Kaufhaus?
Markiere im Bild.

1 Regenschirm     2 Paar rote Gummistiefel    1 Jeans

2er-Packungen T-Shirts    3er-Packungen Socken    1 Rucksack

Im Kaufhaus

Die folgenden Geschichten sind Rechengeschichten.
In jeder Geschichte passiert etwas.
Etwas wird mehr: Plus-Aufgabe (+).
Etwas wird weniger: Minus-Aufgabe (−).

	1 Sila und Marie stehen 2 vor dem Kaufhaus. 3 Timo kommt dazu.	Dies ist eine *Plus-Aufgabe.*
	1 Marie, Timo und Sila sind 2 im Erdgeschoss. Marie und Timo 3 fahren mit der Rolltreppe weg.	
	1 Sila hat ein Armband. 2 Sie kauft noch drei dazu.	
	1 Marie kauft 2 ein Päckchen Kaugummi. 3 Von den sechs Streifen 4 gibt sie Sila zwei ab.	

 1 a) Sieh dir die Bilder an.
 b) Lies die Rechengeschichten.
c) Markiere die Schlüsselwörter für die Rechenaufgaben.

Die Schlüsselwörter sagen dir, wie du rechnen musst.

 2 Zu welcher Rechenaufgabe gehören die Schlüsselwörter?
Trage ein.

Im Kaufhaus

Timo und sein Vater kaufen ein.

 1 An der Kasse legen Timo und sein Vater den Einkauf
2 auf das Band. Sie haben zweimal sechs Flaschen Saft,
3 zweimal 4er-Packungen Socken und viermal zwei T-Shirts gekauft.

Drei Schlüsselwörter sagen dir, wie du rechnen musst.

1 a) Markiere die Schlüsselwörter in der Rechengeschichte.

b) Zu welcher Rechenaufgabe gehören alle drei Schlüsselwörter?

☐ Es wird etwas malgenommen: Mal-Aufgabe ⬤

☐ Es wird etwas geteilt: Geteilt-Aufgabe ⬤

Auch diese Schlüsselwörter sagen dir, wie du rechnen musst:

aufteilen   malnehmen   verdoppeln
verteilen   vervielfachen   halbieren

 2 Zu welcher Rechenaufgabe gehören die Schlüsselwörter?
Trage die Schlüsselwörter ein.

Es wird etwas malgenommen: Mal-Aufgabe ⬤	Es wird etwas geteilt: Geteilt-Aufgabe ⬤
malnehmen	

Im Kaufhaus

Simon, Karen, Pia und Isan kaufen ein.

	Mal-Aufgabe ·	Geteilt-Aufgabe :
1 Simon kauft drei Tafeln Schokolade. 2 Er teilt die Schokolade mit Karen und Pia.	☐	☐
1 Karen kauft drei Äpfel. 2 Isan kauft doppelt so viele.	☐	☐
1 Pia möchte ein T-Shirt und eine Jeans kaufen. 2 Die Jeans ist dreimal so teuer 3 wie das T-Shirt.	☐	☐
1 Isan hat vier Kugeln Eis. 2 Der kleine Bruder von Isan bekommt 3 halb so viele Kugeln.	☐	☐

 1 a) Lies die Rechengeschichten.
b) Markiere die Schlüsselwörter für die Rechenaufgaben.
c) Kreuze an: Mal-Aufgabe oder Geteilt-Aufgabe?

Einen Beruf kennen lernen

Sieh genau hin!

Die Feuerwehr hat eine wichtige Aufgabe: Sie löscht Feuer.

1 Bei welchem Feuerwehrmann kommt Wasser aus dem Schlauch?

    a) Folge mit den Augen den Linien.
    b) Male Wasser an den richtigen Schlauch.

Die Feuerwehr hat besondere Autos: die Löschfahrzeuge.
Jedes Löschfahrzeug hat wichtige Teile und Gegenstände.

2 Auf dem unteren Bild sind 5 wichtige Teile und
Gegenstände dazugekommen. Markiere sie.

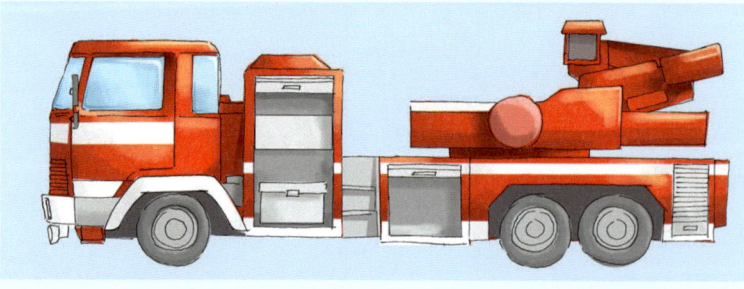

Die Feuerwehr

Die Feuerwehr hat viele verschiedene Aufgaben.

 1 Verbinde jeden Satz mit dem richtigen Bild.

(1) Die Feuerwehr löscht Feuer.

(2) Die Feuerwehr hilft Verletzten
bei schweren Unfällen.

(3) Die Feuerwehr räumt
umgestürzte Bäume von der Straße.

(4) Die Feuerwehr rettet
bei Überschwemmungen
Menschen mit Schlauchbooten.

(5) Die Feuerwehr rettet eine Katze vom Baum.
Die Katze kann nicht
alleine herunterkommen.

 u

 F

 e

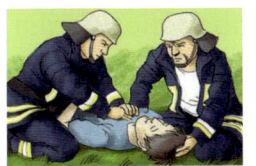 e

 r

 2 Schreibe die Buchstaben
in der richtigen Reihenfolge auf.

F ☐ ☐ ☐ ☐
(1) (2) (3) (4) (5)

 3 Male die Lösung.

Die Feuerwehr

Der Vater von Peter ist Feuerwehrmann.
Heute ist er in der Schule und erzählt von seiner Arbeit.

1 Wende den Schritt **4** vom Textknacker an.

➔ Textknacker
Klappe hinten

4 **Die Schlüsselwörter im Text sind besonders wichtig.**
Sie sind hervorgehoben.

Ich lese die Schlüsselwörter.
Was weiß ich jetzt?

1 „Gestern hatten wir viel zu tun:
2 Am Morgen haben wir ein Feuer in einer Fabrik gelöscht.
3 Aus einem kaputten Auto ist viel Öl auf die Straße ausgelaufen.
4 Wir haben die Straße gereinigt.
5 Am Nachmittag sind 2 Jungen im Baugebiet
6 auf ein Gerüst geklettert. Sie sind nicht wieder heruntergekommen.
7 Wir haben die Jungen mit der Leiter gerettet.
8 Am Abend sind 2 alte Bäume umgestürzt.
9 Wir haben sie mit Motorsägen zerkleinert und
10 mit einem Kran von der Straße geräumt."

2 Was hat der Vater von Peter erzählt?

Wir haben ein _____ gelöscht.

Wir haben 2 Jungen von einem _____ gerettet.

Wir haben 2 _____ von der Straße geräumt.

3 Beantworte die Fragen zum Text.

a) Was ist aus dem kaputten Auto ausgelaufen?

☐ das Wasser   ☐ das Öl   ☐ das Feuer

b) Wovon sind die 2 Jungen nicht wieder heruntergekommen?

☐ von den Bäumen   ☐ von der Leiter   ☐ von dem Gerüst

Die Feuerwehr

**Die Kinder aus der Klasse haben noch viele Fragen.
Der Vater von Peter antwortet.**

4 Schreibe zu jeder Frage die richtige Antwort auf.

a) Welche Telefonnummer hat die Feuerwehr?

Die Feuerwehr hat _____

_____

b) Was sage ich, wenn ich ein Feuer melden will?

_____

_____

_____

c) Was gehört zur Arbeitskleidung der Feuerwehr?

_____

_____

_____

d) Kann man jedes Feuer mit Wasser löschen?

_____

_____

Du sagst, wer du bist, was passiert ist und wo es passiert ist.

Nein, brennendes Öl kann man nicht mit Wasser löschen.

Zur Arbeitskleidung gehören der Anzug, die Stiefel, die Handschuhe, der Helm und die Maske.

Die Feuerwehr hat die Telefonnummer 112.

In der Bücherei

Sieh genau hin!

In dem Feld stehen die Wörter **lesen**, **Buch** und **Märchen**.

 1 a) Markiere das Wort **lesen** rot.
b) Markiere das Wort **Buch** grün.
c) Markiere das Wort **Märchen** blau.

(lesen)　(Buch)　Abenteuer　**Geschichte**　(Märchen)

Geschichten　Buch　**lesen**　*Märchen*　Tiere

Buch　**Märchen**　Tiere　Erzählung　*Buch*

Abenteuer　Tiere　**lesen**　Märchen　**Buch**

lesen　Geschichten　*Buch*　**Erzählung**　Tiere

Tiere　**lesen**　Buch　Märchen　*lesen*

Geschichte　*Erzählung*　**lesen**　Buch　Märchen

Märchen　Abenteuer　**Buch**　*lesen*　Geschichte

malen　lesen　**Tiere**　Erzählung　*Abenteuer*

 2 Wie oft hast du jedes Wort gefunden?

a) Zähle nach.
b) Kreuze an.

das Wort lesen	9	5	7
das Wort Buch	7	9	6
das Wort Märchen	6	7	8

Ein Ausweis für die Bücherei

Wenn du in der Bücherei ein Buch ausleihen möchtest,
brauchst du einen Ausweis. So sieht der Ausweis von Julia aus.

Stadtbücherei Hagenau
Öffnungszeiten: Montag und Freitag 15:00–19:00 Uhr

Huck, Julia
Familienname*, Vorname

* Familienname: Nachname,
Zuname oder Name

Krümmlingsweg 48
Straße, Hausnummer

63074 Hagenau   **06432 22037**
PLZ**, Wohnort   Telefon

** PLZ: Postleitzahl

1 Beantworte die Fragen.

a) An welchen Tagen ist die Bücherei geöffnet?

Montag und

b) Wie heißt der Familienname von Julia? _____

c) In welchem Ort wohnt Julia? _____

d) Welche Telefonnummer hat Julia? _____

2 Ergänze die fehlenden Angaben für deinen Ausweis.

Stadtbücherei _____
Öffnungszeiten: Dienstag und Freitag 16:00–20:00 Uhr

_____
Familienname, Vorname

_____
Straße, Hausnummer

_____
PLZ, Wohnort   Telefon

Verschiedene Bücher kennen lernen

In einer Bücherei gibt es viele verschiedene Bücher.

 1 Sieh dir die Titelseiten an.

Jedes Kind findet ein anderes Buch wichtig und schön.

 2 Schreibe zu jedem Kind das passende Buch.

Karina hat eine kleine Katze bekommen.

Miriam liest ihrem kleinen Bruder gern Märchen vor.

Katrin mag Fußball. Ihr Lieblingsverein ist der VfB Stuttgart.

Julia bastelt gern Geschenke aus Holz.

Mustafa liest gern spannende Abenteuer.

Patrick will seiner Mutter zum Geburtstag einen Kuchen backen.

Klappentexte lesen und verstehen

Auf der Rückseite von einem Buch kannst du etwas
über den Inhalt lesen. Dieser Text heißt Klappentext.

 1 Lies die zwei Klappentexte.

Ronja ist eine Räubertochter. Sie lebt in der Mattisburg. Ronja freundet sich mit dem Räubersohn Birk an. Doch das darf niemand wissen. Eines Tages wird Birk gefangen genommen ...	Robinson Crusoe möchte fremde Länder kennen lernen. Seine Fahrt auf einem Schiff endet jedoch mit einem Unglück. Als einziger Überlebender muss er sich auf einer einsamen Insel durchschlagen ...

Die zwei Bücher heißen Ronja Räubertochter und Robinson Crusoe.

 2 Lies diese Sätze zu jedem Buch.
Kreuze an: richtig oder falsch?

	richtig	falsch
Ronja ist eine Königstochter.		
Ronja ist eine Räubertochter.		
Ronja lebt in der Mattisburg.		
Birk ist ein Königssohn.		
Birk ist ein Räubersohn.		
Das Buch erzählt von einer Freundschaft.		

	richtig	falsch
Robinson möchte fremde Tiere kennen lernen.		
Die Fahrt auf einem Schiff endet mit einem Unglück.		
Robinson überlebt mit vier Freunden.		
Robinson überlebt als Einziger.		
Robinson kommt in einen großen Hafen.		
Robinson kommt auf eine einsame Insel.		

 3 Welches Buch möchtest du gern lesen?
Begründe.

Ich möchte gern das Buch _____ lesen, weil

_____

Eine Detektivgeschichte lesen und verstehen

Sieh genau hin!

Axel und Kevin sind im Freibad.

 1 Zähle nach.

a) Wie viele Kinder sind im Wasser? _____

b) Wie viele Kinder spielen Ball? _____

c) Wie viele Kinder essen Eis? _____

2 Was steht auf dem Schild am Eingang?

Der Eintritt kostet für Kinder _____ € und

für Erwachsene _____ €.

Das Wasser ist heute _____ °C warm.

Es ist _____ Uhr.

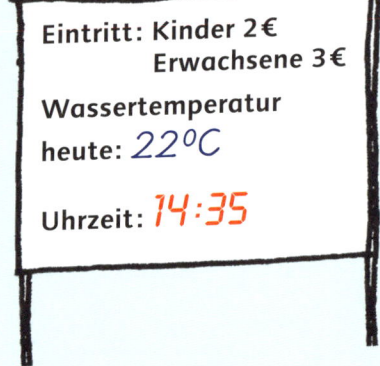

Eintritt: Kinder 2 €
Erwachsene 3 €

Wassertemperatur
heute: 22°C

Uhrzeit: 14:35

Aufregung im Freibad

Detektive beobachten Diebe und andere Verbrecher.

1 Wende den Schritt **1** vom Textknacker an.

→ Textknacker Klappe hinten

 **1** **Bilder helfen mir, den Text besser zu verstehen.**

Ich sehe mir das Bild an.
Was erzählt das Bild über die Geschichte?

 **Meisterdetektive**

1 Antonia erzählt ihrem Bruder Axel von einem Dieb:

2 „Ein Dieb klaut im Freibad Sachen aus Schließfächern*.

3 Die Polizei hat den Dieb aber noch nicht geschnappt."

4 „Wie soll einer die Schließfächer aufbrechen,

5 ohne dass es jemand sieht?", fragt Axel.

6 „Der Dieb bricht die Schlösser an den Fächern nicht auf.

7 Es gibt keine Kratzer! Die Leute schließen später

8 ihre Fächer auf und die Fächer sind leer", sagt Antonia.

9 Axel ruft seinen Freund Kevin an.

10 10 Minuten später treffen sie sich im Freibad.

11 Sie gehen zu den Schließfächern und sehen nach.

12 Aber die Schlösser daran sind nicht kaputt.

13 Axel sagt: „Der Dieb hat Schlüssel für die Fächer.

14 Aber die Leute haben ja auch ihre Schlüssel.

15 Woher hat der Dieb die passenden Schlüssel?"

16 „Vielleicht hat der Bademeister noch zweite Schlüssel",

17 sagt Kevin. „Vielleicht ist er der Dieb," überlegt Axel.

*ein Fach zum Abschließen

2 Beantworte die Fragen. Die Schlüsselwörter helfen dir.

a) Was erzählt Antonia ihrem Bruder Axel?

Ein Dieb klaut _____

b) Axel und Kevin gehen zu den Schließfächern. Was sehen sie?

Die Schlösser _____

Aufregung im Freibad

Axel überlegt, wie der Dieb die Schließfächer öffnen kann.

3 Wende den Schritt **4** vom Textknacker an.

→ Textknacker
Klappe hinten

4 **Die Schlüsselwörter im Text sind besonders wichtig.
Sie sind hervorgehoben.**

Ich lese die Schlüsselwörter.
Was weiß ich jetzt?

18 Axel überlegt: „Man kann den Schlüssel in die Tasche stecken.
19 Dann geht man aus dem Freibad. Das sieht kein Mensch.
20 Den Schlüssel kann man dann im Baumarkt
21 nachmachen* lassen. Danach bringt man nur
22 den ersten Schlüssel wieder ins Freibad. Man kann
23 die Schließfächer mit dem neuen Schlüssel aufschließen.
24 Der Dieb hat sich die Schlüssel bestimmt
25 nachmachen lassen. Wir beobachten jetzt die Schließfächer.
26 Wir müssen herausfinden, wer viele Schlüssel hat und damit
27 viele Schließfächer aufschließt."

28 Axel und Kevin beobachten die Schließfächer.
29 Ein Mann mit einer Tasche schließt ein Schließfach auf.
30 Er schaut hinein und schließt das Fach wieder.
31 Dann schließt er noch ein Schließfach auf.
32 „Das ist der Dieb", flüstert Axel. „Hol den Bademeister!"
33 Kevin rennt los. Der Mann wühlt in den Sachen im Fach.
34 Er steckt etwas ein und geht zum nächsten Schließfach.

* Lässt man Schlüssel nachmachen, hat man die gleichen Schlüssel noch einmal.

4 Beantworte die Fragen.

a) Wo kann man Schlüssel nachmachen lassen?

☐ im Freibad   ☐ im Baumarkt

b) Was beobachten Axel und Kevin im Freibad?

☐ ein Kind mit Ball   ☐ einen Mann an den Schließfächern

c) Was macht der Mann an den Schließfächern?

☐ Er legt seine Sachen in ein Fach.   ☐ Er steckt etwas ein.

Aufregung im Freibad

Axel beobachtet den Mann an den Schließfächern.

35 Der Dieb schließt gerade das vierte Schließfach auf.

36 Da kommen Kevin und der Bademeister.

37 „Da ist der Dieb!", ruft Axel. Er zeigt auf den Mann.

38 „Was machen Sie denn da?", fragt der Bademeister.

39 Der Dieb will wegrennen. Zu spät!

40 Der Bademeister und Kevin halten ihn fest.

41 „Ich hole meine Sachen aus dem Fach", lügt der Dieb.

42 Axel ruft: „Er hat die Schlüssel nachmachen lassen!"

43 „Lassen Sie mich den Schlüssel mal sehen",

44 sagt der Bademeister.

45 Plötzlich rennt der Dieb los. Doch er kommt nicht weit.

46 Einige Männer halten den Dieb fest.

47 Der Bademeister ruft die Polizei.

48 Axel und Kevin erzählen den Polizisten,

49 wie sie den Dieb gefunden haben.

50 „Das habt ihr toll gemacht!", rufen die Polizisten.

51 „Wie richtige Detektive."

---

5 Nun weißt du, wie Axel und Kevin den Dieb finden konnten.
Schreibe das Ende der Geschichte noch einmal auf.

Der Dieb schließt gerade das _____ Schließfach auf.

erste / zweite / vierte

Da kommen Kevin und _____ _____.

die Polizei / der Bademeister

Der Dieb will _____.

wegrennen / rufen

„Er hat die Schlüssel _____ lassen!", ruft Axel.

aufschließen / nachmachen

Der Bademeister ruft _____.

die Feuerwehr / die Polizei

Axel und Kevin erzählen, wie sie _____ gefunden haben.

die Polizei / den Dieb

Ein Märchen lesen und verstehen

Sieh genau hin!

Märchen gibt es in vielen Ländern.
Sturi-Muri ist ein Märchen aus Skandinavien.

In diesem Bild findest du die Figuren aus Sturi-Muri.

1 Sieh dir das Bild an.

 2 a) Finde im Bild die 4 Figuren aus Sturi-Muri.
b) Male sie bunt an.

Sturi-Muri

In dem Märchen **Sturi-Muri** geht es
um eine besondere Frau aus dem Wald.

1 Wende den Schritt 4 vom Textknacker an.

➜ Textknacker
Klappe hinten

**4 Die Schlüsselwörter im Text sind besonders wichtig.
Sie sind hervorgehoben.**

Ich lese die Schlüsselwörter.
Was weiß ich jetzt?

 **Sturi-Muri**

1 Es war einmal eine arme Bäuerin. Der Bauer war gestorben.
2 Die Bäuerin hatte einen kleinen Sohn und eine Kuh.
3 Der Sohn trank jeden Tag die Milch von der Kuh.
4 Eines Tages war die Kuh tot. Die Bäuerin weinte.

5 Da kam eine schöne Frau aus dem Wald.
6 Sie hatte ein grünes Kleid an.
7 Sie fragte die Bäuerin: „Ich kann deine Kuh wieder
8 lebendig machen. Was gibst du mir dafür?"
9 „Ich gebe dir alles, was du haben willst", sagte die Bäuerin.

10 Da nahm die Frau aus dem Wald eine kleine Flasche mit
11 Flüssigkeit. Sie spritzte ein paar Tropfen auf die Kuh.
12 Die Kuh wurde wieder lebendig.

 2 Beantworte die Fragen zu dem Märchen.

a) Markiere die Antworten im Märchen.
b) Schreibe die Antworten auf.

1. Warum weinte die Bäuerin?

_____

2. Die Frau spritzte ein paar Tropfen auf die Kuh. Was passierte?

_____

Sturi-Muri

**Die Kuh von der Bäuerin war tot. Die Bäuerin war traurig.
Die Frau aus dem Wald machte die Kuh wieder lebendig.**

3 Wende den Schritt **5** vom Textknacker an.

→ Textknacker
Klappe hinten

5 **Einige Wörter werden unter den Abschnitten erklärt.**

Ich lese die Wörter und die Erklärungen.

13 Die Bäuerin freute sich sehr,

14 aber die Frau aus dem Wald sagte:

15 „Nun will ich meine Belohnung* haben.

16 Gib mir deinen kleinen Sohn."

17 „Meinen Sohn gebe ich nicht her!", rief die Bäuerin.

18 Die Frau aus dem Wald wollte den Sohn unbedingt haben,

19 aber sie sagte: „Ich bin nicht hartherzig**.

20 Ich nehme deinen Sohn nicht sofort mit.

21 In 3 Tagen komme ich wieder.

22 Wenn du bis dahin meinen Namen weißt,

23 kannst du deinen Sohn behalten."

* Die Frau will eine Belohnung, weil sie etwas Gutes gemacht hat: Sie hat die Kuh
wieder lebendig gemacht.   ** hart, grausam, böse

4 Was wollte die Frau aus dem Wald als Belohnung haben?

Die Frau aus dem Wald wollte _____ haben.

5 Was sollte die Bäuerin herausfinden?

☐ das Alter von der grünen Frau

☐ den Wohnort von der grünen Frau

☐ den Namen von der grünen Frau

6 Wie lange hatte die Bäuerin dafür Zeit?

☐ 3 Nächte   ☐ 1 Tag   ☐ 3 Tage   ☐ 3 Wochen

Sturi-Muri

**Die Frau aus dem Wald wollte als Belohnung
den Sohn von der Bäuerin haben.**

24 Die Bäuerin konnte in der Nacht nicht schlafen.

25 Am Morgen ging sie mit ihrem Sohn in den Wald.

26 Auf einmal hörte sie eine Stimme.

27 Die Stimme sang leise ein Lied.

28 Die Bäuerin folgte der Stimme.

29 Sie sah die Frau im grünen Kleid.

30 Die Frau nähte ein kleines Hemd und

31 eine kleine Hose aus grünem Stoff. Sie sang dabei:

32 „Dass ich Sturi-Muri heiß,

33 weiß sie nie im Leben,

34 muss mir den Sohn geben."

35 Als die Bäuerin das hörte, lief sie fröhlich nach Hause.

 7 Wie heißt die Frau im grünen Kleid?

Die Frau _____

Nun wusste die Bäuerin den Namen von der Frau im grünen Kleid.

36 Am dritten Tag kam die Frau im grünen Kleid zur Bäuerin.

37 Sie wollte den Sohn holen.

38 Die Bäuerin weinte und sagte:

39 „Lass mir mein einziges Kind und nimm die Kuh!"

40 Da sagte die Frau aus dem Wald:

41 „Dein Sohn wird eine schönere Mutter bekommen.

42 Und bei mir wird er es besser haben als bei dir."

43 Da rief die Bäuerin wütend:

44 „Frau Sturi-Muri, schön bist du. Das stimmt.

45 Aber die Mutter bin ich!"

 8 Die Bäuerin wollte ihren Sohn nicht weggeben.
Was sollte Sturi-Muri dafür nehmen?

Sturi-Muri sollte dafür _____ nehmen.

Sturi-Muri

Die Bäuerin hatte das Lied von Sturi-Muri gehört.
Sie kannte deshalb den Namen von Sturi-Muri.

46 Als Sturi-Muri ihren Namen hörte,

47 zerriss sie wütend ihr grünes Kleid und lief zurück in den Wald.

48 Nach einiger Zeit kam Sturi-Muri zurück zu der Bäuerin.

49 Sie brachte die kleinen grünen Hemden und Hosen,

50 die sie genäht hatte.

51 Sie warf die Sachen vor die Bäuerin und sagte:

52 „Nimm sie. Ich brauche sie nicht mehr."

53 Und Sturi-Muri lief zurück in den Wald.

54 Der Sohn trug die grünen Hemden und Hosen.

55 Sie gingen nicht kaputt und wurden mit ihm größer.

56 Und weil die grünen Sachen von Sturi-Muri aus dem Wald waren,

57 konnte der Sohn die Sprache von den Tieren im Wald verstehen.

9 Beantworte die Fragen zu dem Märchen.

a) Markiere die Antworten im Märchen.
b) Schreibe die Antworten auf.

1. Was brachte Sturi-Muri nach einiger Zeit?

Sie brachte

2. Welche Farbe hatten die Hemden und die Hosen?

Die Hemden und die Hosen

3. Weshalb konnte der Sohn nun die Sprache der Tiere verstehen?

Der Sohn konnte die Sprache der Tiere verstehen,

weil

Sturi-Muri

Sturi-Muri ist eine besondere Frau.

 1 Beschreibe Sturi-Muri.
Ergänze den Text.

Sturi-Muri wohnt _____.

Deshalb ist die Farbe _____ wichtig.

Sturi-Muri näht grüne Hemden und _____.

Wenn man die Kleidung trägt, versteht man _____

_____.

➡ Grün
Hosen
die Tiere im Wald
im Wald

Sturi-Muri wohnt im Wald.

Wo kann sie auch wohnen?
Welche Farbe ist dann wichtig?

2 Ergänze diese Texte.

Sturi-Muri wohnt _____.

Deshalb ist die Farbe _____ wichtig.

Sturi-Muri näht _____.

Wenn man die Kleidung trägt, versteht man _____ _____

_____.

➡ die Eisbären
in einem Eisberg
weiße Hemden und
Hosen
Weiß

Sturi-Muri wohnt _____.

Deshalb ist die Farbe _____ wichtig.

Sturi-Muri näht _____.

Wenn man die Kleidung trägt, versteht man _____.

Eine Geschichte von Siegfried lesen und verstehen

Sieh genau hin!

👁 **1** Wie kommt Siegfried zum Drachen?

a) Finde den Weg.

b) Zeichne den Weg mit einem Bleistift ein.
Berühre nicht die schwarze Linie.

✏ **2** Was findet Siegfried auf dem Weg zum Drachen?

Siegfried findet _____

→ ein Schwert
ein Seil
viele Pilze

Siegfried und der Drache

Die Geschichte erzählt von einem tapferen jungen Mann,
einem bösen Schmied und einem Drachen.

1 Wende den Schritt **4** vom Textknacker an.

➜ Textknacker
   Klappe hinten

4 **Die Schlüsselwörter im Text sind besonders wichtig.
Sie sind hervorgehoben.**

Ich lese die Schlüsselwörter.
Was weiß ich jetzt?

📖 Siegfried und der Drache

1 In einer Höhle wohnt ein Drache.
2 Der Drache heißt Fafnir.
3 Er hat einen riesigen Schatz aus Gold.
4 Wenn Menschen sich nähern, spuckt der Drache Feuer.

5 Regin ist ein Schmied.
6 Er will den Schatz vom Drachen.
7 Deshalb will er den Drachen Fafnir töten.
8 Aber Regin ist nicht sehr stark.

9 Regin fragt deshalb Siegfried.
10 Siegfried ist ein starker junger Mann.
11 Er hat keine Angst vor dem Drachen.
12 Regin und Siegfried wollen den Drachen gemeinsam töten.
13 Sie gehen los.

2 Beantworte die Fragen zu der Geschichte.

a) Markiere die Antworten in der Geschichte.
   Die Schlüsselwörter helfen dir.
b) Schreibe die Antworten auf.

1. Was hat der Drache? _____

2. Was will Regin? _____

3. Wer ist Siegfried? _____

Siegfried und der Drache

Regin und Siegfried wollen den Drachen töten.

3 Wende den Schritt **1** vom Textknacker an.

➔ Textknacker
Klappe hinten

1 **Bilder helfen mir, den Text besser zu verstehen.**

Ich sehe mir die Bilder an.
Was sagen die Bilder über die Geschichte?

14 Siegfried weiß, wo der Drache jeden Tag Wasser trinkt.

15 Regin gräbt auf dem Weg eine Grube.

16 Siegfried setzt sich in diese Grube.

17 Beide warten.

18 Der Drache hat Durst.

19 Er kommt aus seiner Höhle und läuft auf dem Weg.

20 Als er über der Grube ist,

21 stößt Siegfried sein Schwert

22 in den Bauch vom Drachen.

23 Der Drache kämpft mit Siegfried.

4 Wie könnte die Geschichte weitergehen?
Kreuze an, was du glaubst.

☐ Siegfried stirbt.

☐ Der Drache stirbt.

☐ Siegfried und der Drache sterben.

Hier erfährst du, wie die Geschichte weitergeht.

24 Der Drache kämpft lange mit Siegfried.

25 Der Drache spuckt Feuer, aber es hilft nicht.

26 Der Drache stirbt.

5 Was passiert? Schreibe einen Satz.

Siegfried und der Drache

Siegfried kämpft mit dem Drachen. Der Drache stirbt.

6 Wende den Schritt **5** vom Textknacker an.

➔ Textknacker
Klappe hinten

5 **Einige Wörter werden unter den Abschnitten erklärt.**

Ich lese das Wort und die Erklärung.

27 Siegfried und Regin können sich jetzt
28 den Schatz vom Drachen holen.
29 Aber Regin möchte den Schatz allein haben.
30 Er will deshalb Siegfried töten.
31 Doch Regin ist nicht so stark.

32 Regin hat eine Idee:
33 Wenn man etwas vom Drachen isst oder sein Blut leckt,
34 wird man unverwundbar* und
35 bekommt Zauberkraft.
36 Siegfried soll deshalb für Regin das Drachenherz braten.

* Man kann nicht verletzt werden. Man kann nicht sterben.

 7 Beantworte die Fragen zu der Geschichte.

a) Markiere die Antworten in der Geschichte.
b) Schreibe die Antworten auf.

1. Was möchte Regin für sich allein haben?

Regin möchte _____

2. Was passiert, wenn man das Blut vom Drachen leckt?

Man wird _____

_____

3. Was soll Siegfried für Regin braten?

Siegfried soll _____

_____

Siegfried und der Drache

So geht die Geschichte weiter.

37 Beim Braten hat Siegfried
38 ein bisschen vom Drachenblut geleckt.
39 Er versteht plötzlich die Sprache der Vögel.
40 Er hört, wie sie sagen: „Du armer Siegfried!
41 Der böse Regin will dich töten."
42 Siegfried bedankt sich bei den Vögeln und tötet Regin.
43 Siegfried badet im Blut vom Drachen.
44 Denn er möchte unverwundbar werden.

45 Der Wind weht. Ein Blatt von einer Linde fällt
46 auf den Rücken von Siegfried.
47 Deshalb kommt auf diese Stelle kein Drachenblut.
48 So bleibt eine Stelle auf dem Rücken von Siegfried verwundbar.

8 Beantworte die Fragen zu der Geschichte.

a) Markiere die Antworten in der Geschichte.
b) Schreibe die Antworten auf.

1. Siegfried hat vom Drachenblut geleckt. Was versteht er plötzlich?

Er versteht _____

2. Was sagen die Vögel?

3. Wieso badet Siegfried im Blut vom Drachen?

4. Was passiert, als der Wind weht?

Siegfried und der Drache

Du hast die ganze Geschichte gelesen.
Wovon erzählt die Geschichte?

9 Kreuze an: Richtig oder falsch?

	richtig	falsch
Regin will den Schatz vom Drachen.		
Der Drache kämpft mit Regin.		
Regin will den Schatz mit Siegfried teilen.		
Regin will Siegfried töten.		
Das Blut vom Drachen hat Zauberkraft.		
Ein Blatt fällt auf den Fuß von Siegfried.		
Siegfried bleibt an einer Stelle verwundbar.		

In der Geschichte ist viel passiert.
Hier kannst du das Wichtigste noch einmal aufschreiben.

10 Ergänze den Text.

In einer Höhle wohnt _____.

Er hat _____. Regin will den Schatz.

Gemeinsam mit Siegfried gräbt er _____.

Siegfried tötet den Drachen _____.

Das Blut vom Drachen hat _____.

Siegfried badet _____.

Während er badet, fällt ein Blatt _____.

So bleibt diese Stelle _____.

➔ Zauberkraft
eine Grube
einen Schatz
verwundbar
mit seinem Schwert
auf seinen Rücken
im Drachenblut
ein Drache

Conny will vom **Hauptbahnhof** in die **Uhlandstraße** fahren.
Ein Plan zeigt ihr die Fahrzeiten und die Preise von der U 2.

Hauptbahnhof		
Haltestelle	Fahrzeit in Minuten	Preis
Berliner Tor	5	1,55 €
Musterschule	10	1,55 €
Uhlandstraße	15	2,50 €

1 a) Wie lange dauert die Fahrt bis zur Uhlandstraße?

☐ 5 Minuten ☐ 10 Minuten ☐ 15 Minuten

b) Wie viel kostet die Fahrt?

☐ 1,55 € ☐ 2,50 €

Conny muss wissen, wann die U 2 abfährt.

Abfahrt Hauptbahnhof		
14:10	14:25	14:50
15:10	15:25	15:50

 2 Conny ist um 14:15 Uhr am Hauptbahnhof.
Wann fährt die nächste U 2 ab?

☐ um 14:15 Uhr ☐ um 14:25 Uhr ☐ um 14:50 Uhr

 3 Die Fahrt zur Uhlandstraße dauert 15 Minuten. Wann ist Conny da?
Rechne es aus.

Abfahrt	Fahrzeit	Ankunft*	*das Ankommen
14:_____ +	_____ min** ⟶	_____	**die Minuten

Conny ist um _____ Uhr in der Uhlandstraße.

Das kann ich!   Rechengeschichten

In jeder Rechengeschichte passiert etwas.
Die Schlüsselwörter sagen dir, wie du rechnen musst.

 1 a) Lies die Rechengeschichten.
b) Markiere die Schlüsselwörter für die Rechenaufgaben.
c) Kreuze an: Plus-Aufgabe, Minus-Aufgabe,
   Mal-Aufgabe oder Geteilt-Aufgabe?

	Plus-Aufgabe (+)	Minus-Aufgabe (−)	Mal-Aufgabe (·)	Geteilt-Aufgabe (:)
1 Jessica und Ina stehen 2 vor dem Aufzug. 3 Ekin kommt dazu.	☐	☐	☐	☐
1 Ekin hat sein Taschengeld 2 dabei. 3 Davon will er 3 Euro 4 ausgeben.	☐	☐	☐	☐
1 Jessica hat mehrere CDs 2 in der Hand. 3 Sie will eine CD wieder 4 zurücklegen.	☐	☐	☐	☐
1 Ina will ein Jahr lang 2 Jeden Monat ein Comic-Heft 3 kaufen. 4 Wie viel Mal muss sie 5 den Preis zahlen?	☐	☐	☐	☐
1 Ekin und Jessica kaufen 2 eine 6er-Packung 3 Tischtennisbälle. 4 Sie möchten die Bälle 5 untereinander aufteilen.	☐	☐	☐	☐

 **1** Die Feuerwehr hat viele Aufgaben.

a) Lies genau und überlege: richtig oder falsch?
b) Markiere die Buchstaben.

		richtig	falsch
1	Die Feuerwehr löscht Feuer.	F	E
2	Die Feuerwehr hat die Telefonnummer 123.	f	e
3	Die Feuerwehr hat die Telefonnummer 112.	u	p
4	Die Feuerwehr hilft Verletzten bei schweren Unfällen.	e	f
5	Die Feuerwehr rettet bei Überschwemmungen Menschen mit Schlauchbooten.	r	s
6	Die Feuerwehr trägt Anzüge, Handschuhe, Stiefel, Helme und Masken.	w	x
7	Die Feuerwehr macht Feuer.	l	e
8	Die Feuerwehr räumt umgestürzte Bäume von der Straße.	h	m
9	Die Feuerwehr löscht jedes Feuer mit Wasser.	s	r

 **2** Schreibe die markierten Buchstaben in die Kästchen.
Dann hast du das Lösungswort.

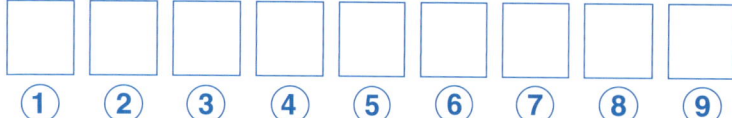

①　②　③　④　⑤　⑥　⑦　⑧　⑨

In der Bücherei gibt es viele verschiedene Bücher.

 1 Welches Kind leiht welches Buch aus?

a) Verbinde jeden Satz mit der passenden Titelseite.
b) Markiere auf jeder Titelseite das passende Wort.

(1) Karsten mag spannende Krimis.

(2) Roberto möchte zu seinem Geburtstag
Salate machen. Er sucht Rezepte.

(3) Silvia hat für ihr Zimmer zwei Pflanzen bekommen.
Sie möchte mehr über die Pflege von Pflanzen wissen.

(4) Selina liest gern Märchen.

(5) Lenas Eltern kaufen einen Hund.
Lena möchte bei der Pflege helfen.

 2 Schreibe die Buchstaben in der richtigen Reihenfolge auf.
Dann hast du das Lösungswort.

① ② ③ ④ ⑤

Dies ist das Ende von der Geschichte Meisterdetektive.
Axel und Kevin beobachten im Freibad einen Dieb.

1 Der Dieb schließt gerade das vierte Schließfach auf.
2 Da kommen Kevin und der Bademeister.
3 „Da ist der Dieb!", ruft Axel. Er zeigt auf den Mann.
4 „Was machen Sie denn da?", fragt der Bademeister.
5 Der Dieb will wegrennen. Zu spät!
6 Der Bademeister und Kevin halten ihn fest.
7 „Ich hole meine Sachen aus dem Fach", lügt der Dieb.
8 Axel ruft: „Er hat die Schlüssel nachmachen* lassen!"

9 Plötzlich rennt der Dieb los. Doch er kommt nicht weit.
10 Einige Männer halten den Dieb fest.
11 Der Bademeister ruft die Polizei.
12 Axel und Kevin erzählen den Polizisten,
13 wie sie den Dieb gefunden haben.
14 „Das habt ihr toll gemacht!", rufen die Polizisten.

*Lässt man Schlüssel nachmachen, hat man die gleichen Schlüssel noch einmal.

 **1** Beantworte die Fragen zu der Geschichte.

a) Markiere die Antworten in der Geschichte.
b) Schreibe die Antworten auf.

1. Wer kommt gerade, als der Dieb das vierte Schließfach aufschließt?

2. Der Bademeister fragt den Dieb etwas. Was antwortet der Dieb?

3. Der Dieb rennt los, aber er kommt nicht weit. Was passiert?

4. Was erzählen Axel und Kevin den Polizisten?

Dies ist der Anfang von dem Märchen Sturi-Muri.

📖 Sturi-Muri

1 Es war einmal eine arme Bäuerin. Der Bauer war gestorben.

2 Die Bäuerin hatte einen kleinen Sohn und eine Kuh.

3 Der Sohn trank jeden Tag die Milch von der Kuh.

4 Eines Tages war die Kuh tot. Die Bäuerin weinte.

5 Da kam eine schöne Frau aus dem Wald.

6 Sie hatte ein grünes Kleid an.

7 Sie fragte die Bäuerin: „Ich kann deine Kuh wieder

8 lebendig machen. Was gibst du mir dafür?"

9 „Ich gebe dir alles, was du haben willst", sagte die Bäuerin.

1 Hier steht noch einmal der Anfang vom Märchen.
Es fehlen aber Wörter.
Ergänze sie.

Es war einmal _____.

Der Bauer war gestorben.

Die Bäuerin hatte einen kleinen Sohn und _____.

Der Sohn trank jeden Tag _____ von der Kuh.

Eines Tages war die Kuh _____. Die Bäuerin weinte.

Da kam eine schöne Frau _____.

Sie hatte ein grünes Kleid an.

Sie fragte die Bäuerin: „Ich kann deine Kuh wieder

_____. Was gibst du mir dafür?"

„Ich gebe dir alles, _____",

sagte die Bäuerin.

Dies ist der Anfang einer Geschichte von früher.

📖 Siegfried und der Drache

1 In einer Höhle wohnt ein Drache.
2 Der Drache heißt Fafnir.
3 Er hat einen riesigen Schatz aus Gold.
4 Wenn Menschen sich nähern, spuckt der Drache Feuer.

5 Regin ist ein Schmied.
6 Er will den Schatz vom Drachen.
7 Deshalb will er den Drachen Fafnir töten.
8 Aber Regin ist nicht sehr stark.

9 Regin fragt deshalb Siegfried.
10 Siegfried ist ein starker junger Mann.
11 Er hat keine Angst vor dem Drachen.
12 Regin und Siegfried wollen den Drachen gemeinsam töten.
13 Sie gehen los.

 **1** a) Lies genau und überlege: richtig oder falsch?
b) Markiere die Buchstaben.

		richtig	falsch
①	Regin ist stark.	A	D
②	Der Drache hat einen Schatz aus Gold.	r	e
③	Regin will den Schatz vom Drachen.	a	h
④	Der Drache wohnt in einer Höhle.	c	l
⑤	Siegfried hat Angst vor dem Drachen.	u	h
⑥	Regin und Siegfried wollen den Drachen töten.	e	i

 **2** Schreibe die markierten Buchstaben in die Kästchen.
Dann hast du das Lösungswort.

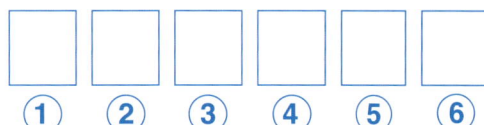